Max Feigenwinter

Keiner ist perfekt

... und das macht uns so sympathisch

EINE GUTE NACHRICHT

Viele von uns haben von Kindheit an immer wieder gehört: „Gib dir Mühe! Sei nicht so schnell zufrieden! Wer wirklich will, der schafft es.“ Und viele von uns haben ihre Kinder angetrieben, besser zu arbeiten, mehr zu leisten, keine Fehler zu machen. Immer mussten wir aber erfahren, dass manches trotzdem nicht gelingt. Auch wenn wir uns noch so sehr bemühen, manches wird scheitern, nicht erfolgreich sein.

Das Zusammenleben von Menschen, sei es in der Familie, in Vereinen oder am Arbeitsplatz, wird menschlicher, wenn wir mit Fehlern rechnen; wenn wir nicht dauernd Perfektion erwarten. Natürlich bemühen wir uns, versuchen, den Ansprüchen zu genügen. Aber es ist besser, wenn wir dabei in erster Linie den Fortschritt sehen, statt unseren Blick auf das zu richten, was fehlt.

Dazu fällt mir folgende Geschichte aus der Bibel ein. Da heißt es: „Ein Bauer ging aufs Feld, um zu säen. Während er die Körner auswarf, fiel ein Teil davon auf den Weg. Da kamen die Vögel und pickten sie auf. Ein anderer Teil fiel auf felsigen Boden, wo es nicht viel Erde gab. Die Körner gingen schnell auf, weil sie nicht tief im Boden lagen. Aber als die Sonne hoch stand, wurden die Pflanzen verbrannt. Sie vertrockneten, weil sie keine tiefen Wurzeln hatten. Ein weiterer Teil fiel zwischen die Disteln. Die Disteln schossen hoch und erstickten die junge Saat. Deshalb brachten sie keine

Frucht. Aber ein anderer Teil fiel auf guten Boden. Sie gingen auf und wuchsen heran und brachten Frucht: Manche Pflanzen brachten dreißig, andere sechzig, andere sogar hundert Körner Frucht. Und Jesus sagte: Wer Ohren zum Hören hat, soll gut zuhören."

Ich bin fasziniert von den Gleichnissen. Wenn wir uns von ihnen ansprechen lassen, wenn wir sehen, dass diese Geschichten uns angehen, werden wir immer wieder überrascht. Die Botschaft ist damals wie heute die gleiche: Es wächst nicht alles, auch wenn wir uns noch so sehr bemühen. Diese kleine Geschichte kann unendlich viel bewirken. Sie wird zu einer frohen Botschaft, wenn wir versuchen, diese Haltung zu leben: Wir setzen uns ein, wir geben uns Mühe. Wir freuen uns an dem, was gelingt, wissen aber sehr wohl, dass vieles nicht auch gedeiht.

Als ich die Geschichte vom Sämann bei einer Gelegenheit einmal vorgetragen habe, habe ich erleben dürfen, dass sich viele Leute davon angesprochen fühlten. Eine Frau schrieb mir: "Jetzt bin ich mehr als sechzig Jahre alt, habe diese Worte schon so oft gehört und viele Erklärungen bekommen. Erst jetzt sehe ich aber, wie viel menschlicher es sein könnte, wenn wir leben würden, was diese Geschichte meint."

Auch mich hat die Geschichte weiter beschäftigt, und ich spüre, dass sie mich verständnisvoller und gelassener hat werden lassen.

NICHT ALLES KANN GELINGEN – NICHT ALLES MUSS GELINGEN

Wenn alles gelingen muss,
nur das Beste genügt
und nur das Vollständige zählt,
nur das Schönste anerkannt,
nur das Perfekte befriedigt
und nur das Vollkommene berücksichtigt wird,
machen wir einander das Leben zur Hölle.

Wir werden viel erreichen,
zufrieden und glücklich sein,
wenn wir anerkennen, was ist,
statt auflisten, was fehlt;
wenn wir tun, was wir können,
statt fordern, was unmöglich ist;
wenn wir einander dankbar sind,
statt meinen, alles sei selbstverständlich.

Wir werden sehr viel erreichen,
alles haben, was wir brauchen,
alles erledigen können, was wir müssen,
wenn wir ja sagen,
ja zu unsern Fehlern und Mängeln,
und uns freuen an dem,
was gelingt.

WIR SIND SO REICH

Wir wissen nicht, was alles in uns steckt. Oft sehen wir, dass gesät, etwas gemacht werden müsste. Aber wir tun nichts, fühlen uns unfähig, sagen, wir hätten die nötigen Fähigkeiten und Fertigkeiten nicht. Vielleicht weil wir zu oft hören mussten: Das kannst du nicht, dazu bist du nicht fähig, lass die Finger davon. Wir zweifeln an uns selbst, trauen uns immer weniger zu und ziehen uns zurück. Wer aber nicht sät, wird nicht ernten können. Wer sich nicht einsetzt, wird keinen Erfolg haben.

Wenn andere nicht säen, sich nicht einsetzen, können wir ungehalten und hilflos sein. Statt zu verstehen und zu helfen, sagen wir vielleicht: „Du musst nur wollen, dann geht es schon." Aber es gibt Situationen, da kann man nicht mehr wollen.

Wie reich und gesegnet sind wir, wenn wir entdecken, was in uns steckt, mit welchen Möglichkeiten, welchen Fähigkeiten wir beschenkt sind. Wir dürfen uns an ihnen freuen und sollen sie einsetzen. Und wir sollen Menschen, die weniger Selbstvertrauen haben, unterstützen, ihre Fähigkeiten zu entdecken, zu ihren Werten zu stehen, denn auch sie sind mit besonderen Fähigkeiten ausgestattet.

Ich will für dich da sein
dir wohlwollend begegnen,
dir Raum und Zeit lassen,

damit du
deine Fähigkeiten entdecken,
deine Möglichkeiten sehen,
deine Pläne verwirklichen,
deine Grenzen wahrnehmen,
deine Bedürfnisse spüren,
deine Wünsche äußern,
deine Fragen stellen,
deinen Weg gehen,
zu dir stehen kannst.

Ich will für dich da sein,
damit du erfahren kannst,
wie reich du selbst bist.

Wir alle haben gute Absichten, bemühen uns und bringen uns ein. Doch vieles kommt nicht an, es wird nicht gehört oder nicht beachtet.
Als Eltern versuchten wir vielleicht mit viel Liebe, unseren Kindern zu helfen, den richtigen Weg zu finden. Wir waren enttäuscht, wenn etwas in unseren Augen nicht erfolgreich war.
Manche engagieren sich am Arbeitsplatz, bringen Vorschläge ein, die aber von niemandem ernstgenommen werden. Wieder andere erleben, dass eigene Ideen ganz einfach überhört werden, während das, was andere einbringen, sehr geschätzt und gelobt wird.
Wir sind enttäuscht, wenn manches nicht erfolgreich ist. Vielleicht neigen wir dazu, aufzugeben, weil es sich ja doch nicht lohnt.
Besser ist es, wenn wir von vornherein damit rechnen, dass manches nicht gelingt, dass manches nicht ankommt, überhört, übersehen und übergangen wird.
Und vielleicht denken wir daran, dass auch wir nicht alles auf- und annehmen. Wenn wir nicht erwarten, dass alles ankommt, werden wir auch weniger enttäuscht sein. Das Zusammenleben wird entspannter, wenn nicht alles erfolgreich sein muss und wir auf Perfektion verzichten.

Annehmen,
dass vieles nicht gelingt,
obwohl ich mich bemühe;

damit rechnen,
dass vieles nicht wächst,
obwohl es gut gemeint war;

einsehen,
dass viele Wünsche nicht erfüllt
und manche Ziele nicht erreicht werden.

IMMER WIEDER NEU

Wir kennen die Aussage: „Es war ein steiniger Boden." Und wir meinen damit: Es war nicht leicht, es gab viele Schwierigkeiten, vieles sah anfänglich ganz positiv aus, doch es hatte keinen Bestand. Trotz intensiver Bemühung gelang vieles nicht.

Ich erinnere mich, was ich als Lehrer erlebt habe. Oft versuchte ich, mit geeigneten Mitteln ein schwieriges Problem zu erklären. Ich erfand Zugänge, die motivierten; schuf Material, das veranschaulichte; arrangierte Situationen, die geeignet waren, selbst zu entdecken. Ich freute mich, wenn die Lernenden Schritt für Schritt mitdachten und sich engagiert beteiligten. Die Fragen und Antworten der Lernenden ließen mich glauben, das Problem sei verstanden. Nach ein paar Tagen wollte ich auf dem bereits Gelernten aufbauen. Doch bei vielen war nichts mehr da. Das Eingeführte hatte keinen Bestand.

Damit müssen wir immer rechnen. Viel Gutgemeintes, Gutgemachtes geht verloren, auch wenn wir uns noch so viel Mühe geben. Es ist wertlos, Gründe und Schuldige zu suchen, sich selbst in Frage zu stellen. Es bringt nichts, wenn wir uns darüber ärgern, und es ist schade, wenn wir den Mut verlieren.

Annehmen

Auch wenn wir alles machen,
was wir können;
so gut wir es können,
so oft wir es können,
manches wird nicht gelingen.
Auch wenn wir alles geben,
was wir haben,
wird es oft nicht genügen.
Dir nicht,
mir nicht,
niemandem.

Tröstlich

Es kann nicht alles gelingen,
es muss nicht alles gelingen.
Ich darf Fehler machen,
manches vergessen,
ich muss nicht alles verstehen.
Es ist gut,
selbst, wenn nicht alles gut ist.

VERTRAUEN

Es gibt Phasen in unserem Leben, da vieles nicht gelingt. Unsere Anstrengungen tragen keine Früchte. Meist fällt es uns schwer, das anzunehmen. Wir zweifeln an allem und jedem, verzweifeln beinahe.
Aber auch schwierige Phasen haben einen Sinn. Wir können an ihnen wachsen und reifen. Wenn wir glauben, dass wir eine Fantasie Gottes sind und es unsere Aufgabe ist, unseren Weg zu gehen, auch wenn er steil und steinig ist; wenn wir daran glauben, dass es darum geht, unser Leben zu leben und wir sein dürfen und sein sollen wie wir sind, werden wir nach und nach auch wieder Mut und Kraft finden.
Vielleicht kommen wir aber allein auch nicht weiter. Wie schön ist es dann, einen Menschen zu haben, bei dem wir schwach, ehrlich und echt sein können; einen Menschen, der zu uns steht, uns geduldig zuhört, uns versteht, uns stützt und begleitet, bis wir wieder stark sind und an unsere Möglichkeiten glauben. Wenn wir selbst erlebt haben, wie schön es ist, für einen anderen Menschen da zu sein, ihm in der Not beizustehen, werden wir uns eher jemandem anvertrauen können.
Ich erlebe immer wieder, wie stark es mich macht, wenn ich mich ganz annehme, mich bedingungslos angenommen fühle; wenn ich wage zu sein wie ich bin.

Was brauchen wir?

Tröstende Worte
statt laute Befehle;
wohlwollende Anteilnahme
statt vernichtende Kritik;
geduldiges Dasein
statt dauernde Hetze;
gewährendes Loslassen
statt ängstliches Festhalten;
ermutigendes Fördern
statt unsinniges Fordern;
einfühlsames Verständnis
statt vorschnelles Urteilen;
liebevolle Unterstützung
statt distanziertes Zuschauen;
zärtliche Berührungen
statt hartes Durchgreifen.

Wir brauchen Menschen,
die zu uns ja sagen,
obwohl wir nicht so sind,
wie sie uns haben wollen.

TROTZDEM

Vieles, was wir tun, gedeiht nicht, bringt keine Frucht. Viele Schwierigkeiten verhindern den Erfolg und machen uns das Leben schwer. Ich denke an Eltern, die sich redlich bemüht haben, ihren Kindern das zu geben, was sie brauchen.
Sie haben auf vieles verzichtet, sich für die Kinder eingesetzt, mit ihnen viel unternommen und bei diesen Gelegenheiten gezeigt, was wichtig ist. Ein paar Jahre später müssen sie erleben, dass sich ein Sohn distanziert. Die Leistungen sinken bedenklich. Er bricht die Lehre ab, gerät an Drogen, wird straffällig, bricht schließlich den Kontakt zur Familie ganz ab und lebt auf der Straße.
Wir erleben wohl alle Phasen, in denen der Weg voller Dornen ist. Dann haben wir das Gefühl, der ganze Einsatz hat sich nicht gelohnt. Manches bringt tatsächlich keine Frucht, manches bleibt auf der Strecke, manches ist erfolglos. Damit müssen wir rechnen. Es kann nicht alles gelingen. Dann kann es hilfreich sein, unser Engagement nicht pauschal zu verurteilen, sondern zu versuchen, neben dem, was nicht gelungen ist und das uns jetzt so sehr zu schaffen macht, das Positive zu sehen, das wir erlebt haben.

Wenn
Neid sich breit macht
und Egoismus dominiert;

wenn
Kontrolle zu groß
und Kritik zu hart;

wenn
Wohlwollen und Vertrauen zu klein
Halt und Sicherheit zu gering;

wenn
Geduld fehlt
und der Freiraum zu eng;

wenn
Vorschriften zu einschränkend
und die Erwartungen zu hoch sind;

wenn
die Hoffnung schwindet
und die Liebe berechnend ist,

kann nicht wachsen,
was angelegt ist

WENIGER IST OFT MEHR

„Immer schneller, immer mehr", das sind Forderungen, die heute an viele gestellt werden. In immer weniger Zeit muss immer mehr erreicht werden. Viele sind unter dauerndem Druck, müssen auch zu Hause arbeiten, können gar nicht mehr loslassen. Sie haben keine Arbeit, die Arbeit hat sie. Wer sich nicht völlig einsetzt, wird ersetzt. Nicht nur sie, sondern auch ihre Angehörigen leiden.
Auch Kinder und Jugendliche spüren diesen Druck nicht selten. Sie müssen schneller lernen, sollten schneller verstehen. Immer mehr Stoff wird ihnen in immer weniger Zeit gefüttert, Stoff, den sie nicht verdauen können. Kinder, die einmal mit Freude und Begeisterung gelernt haben, werden zu freudlosen Lernern, die sich von Prüfung zu Prüfung schleppen. Der Druck der Erziehenden wird stärker, die Beziehungen schlechter, und alle sind froh, wenn die Schulzeit endlich vorbei ist. Aber: „Alles Lernen ist keinen Heller wert, wenn die Freude dabei verloren geht." (Johann Heinrich Pestalozzi)
Immer schneller, immer mehr: Das sind weitverbreitete Dornen, die viele Hoffnungen zunichte machen. Wir können etwas dagegen tun, indem wir schädigende Forderungen und überhöhte Erwartungen bekämpfen, wenn wir uns für uns und Schwächere einsetzen und Wachstum ermöglichen.

Lebe dein Leben

Sei vorsichtig,

wenn einer urteilt,
bevor er wirklich zugehört;

wenn einer zupackt,
bevor er genau geschaut;

wenn einer Ratschläge erteilt,
die du nicht willst;

wenn einer antwortet,
obwohl er gar nicht gefragt war;

wenn einer dich belehrt,
obwohl du es gar nicht willst.

Lass dich nicht entmündigen,
glaube an dich,
setze Grenzen,
lass dir die Zeit,
die du brauchst.

Dein Maßstab liegt in dir.

AN WIDERSTÄNDEN WACHSEN

Wie wichtig Widerstände sind, zeigt die folgende Geschichte: Ein Mann fand einen Schmetterlingskokon und nahm ihn mit nach Hause, um den Schmetterling schlüpfen zu sehen. Eines Tages wurde eine kleine Öffnung sichtbar. Während mehrerer Stunden kämpfte der Schmetterling, doch es schien, als könne er seinen Körper nicht über einen bestimmten Punkt hinaus bringen. Da glaubte der Mann, dass etwas nicht richtig sei, und nahm eine Schere, um den Rest des Kokons aufzuschneiden. Der Schmetterling schlüpfte mit Leichtigkeit heraus: Ein großer aufgedunsener Körper mit kleinen, schrumpeligen Flügeln. Der Mann dachte, dass sich die Flügel nach und nach zu ihrer natürlichen Schönheit entfalten würden. Doch es geschah nicht. Der Schmetterling schleppte sich nur mühsam herum. Der enge Kokon und der Kampf, der nötig ist, um durch die Öffnung zu schlüpfen, sind der Weg der Natur, Flüssigkeit vom Körper in die Flügel zu zwingen.

Natürlich können Widerstände zu groß sein. Wenn uns aber alle Widerstände aus dem Weg geräumt werden, können wir nicht wachsen und erstarken. Manchmal ist ein Kampf genau das, was wir brauchen.

Schön, wenn es uns gelingt, ein Gespür für den richtigen Zeitpunkt und das richtige Maß zu entwickeln: Wann Widerstände zum Wachsen notwendig sind und wie groß sie sein dürfen.

Ich glaube an dich

Ich glaube, dass du aus Fehlern lernst,
an Schwierigkeiten reifst,
deinen Weg findest.

Ich glaube, dass du Lösungen suchst,
wenn sich Probleme stellen;
Fragen stellst, wenn du nicht weiter weißt;
Hilfen annimmst, wenn du sie brauchst.

Ich glaube, dass du
entwickeln und entfalten willst,
was angelegt ist;
selbst bemerkst,
wenn du Grenzen überschreitest;
wieder aufstehst,
wenn du gefallen bist.

Ich glaube, dass in dir alles ist,
was du zum Leben brauchst.

Ich will für dich da sein,
wohlwollend Anteil nehmen,
mich freuen an dem, was du erreichst,
dich ermutigen, deinen Weg zu gehen.

ERWARTUNGEN

Ein guter Freund, der sich intensiv und feinfühlig für Mitmenschen einsetzt, sagte: „Ich gehe gern auf Menschen zu, ich kann gut zuhören, glaube, in vielen Fällen wirklich helfen zu können, doch es kommt selten etwas zurück. Ich kenne in meinem Umfeld nur wenige Menschen, die ihre Gefühle zeigen und tiefe Gespräche schätzen." Ich war überrascht, weil ich schon vor Jahren sehr schnell einen guten Kontakt zu ihm fand und mich freute über die persönlichen Gespräche.

Gab er mehr als für ihn stimmte? Gab er so viel, um auch etwas zu bekommen? Erwartete er zu viel? Kurze Zeit später sagte ein Mann in einem Kurs, er erwarte gar nichts mehr, dann werde er auch nicht enttäuscht. Kann das sein? Kann man ohne jede Erwartung leben? Ich fragte mich, wie ich das erlebe und in früheren Zeiten erlebt habe. Wenn es mir gut geht, kann ich großzügig geben. Es freut mich, dass ich geben kann. Diese Freude genügt. Wenn ich dann noch erleben darf, dass es dem Gegenüber nützt, bestärkt mich dies. Es gibt aber auch Zeiten, in denen ich mit mir selbst genug zu tun habe. Dann muss ich Grenzen setzen, nein sagen. Ich muss für mich entscheiden, wann ich wie viel gebe. Manchmal kann ich nicht alles geben, was der andere braucht, selbst wenn ich alles gebe, was ich habe. Oft brauche ich es, dass man meinen Einsatz sieht und schätzt. Ich weiß, dass ich nicht leben kann, ohne etwas zu erwarten. Wichtig ist, dass ich das richtige Maß finde und dabei nicht erwarte, dass alles gelingt.

Achte die anderen,
aber achte auch dich.

Hilf anderen,
aber überfordere dich nicht.

Gib anderen,
aber gib dich nicht auf.

Höre anderen zu,
aber nimm dir auch Zeit,
deine Wurzeln zu spüren.

Setze Grenzen,
damit du dich nicht verlierst.

Nimm dir, was du brauchst,
damit du stark bist,
immer öfters auch geben kannst,
ohne zu erwarten.

EIN PAAR GÄNGE ZURÜCKSCHALTEN

Manchmal werden einem nicht nur die Erwartungen von Mitmenschen zu viel. Viele erwarten auch von sich selbst dauernd Höchstleistungen. Vielleicht wurden sie schon von klein auf angetrieben, immer Bestleistungen zu erbringen. Fehler durfte es keine geben, alles musste gelingen. Für ihre Eltern war gut nur genügend. Nur mit sehr gut waren sie zufrieden. Von früh an wurden sie mit anderen verglichen und lernten vergleichen. Für die sehr guten Leistungen wurden sie geliebt und belohnt. Und nach beidem sehnten sie sich: geliebt und belohnt zu werden. Deshalb trieben sie sich zu Höchstleistungen an. Und diese Haltung blieb ihnen. Solche Menschen erreichen möglicherweise viel, sehr viel. Aber selten sind sie glücklich, weil sie immer das Gefühl haben, es hätte noch mehr, noch besser, noch schneller sein können. Und immer finden sie jemanden, der etwas noch besser kann. Weil für sie nur Leistung und das Ergebnis ihrer Leistung zählt, können sie nicht aufhören und sich nicht entspannen. Eines Tages reicht dann die Kraft nicht mehr, der Tank ist leer. Sie fallen in sich zusammen. Enttäuscht entdecken sie, dass nicht sie wichtig waren, sondern lediglich das Produkt ihrer Leistung.

Wir müssen annehmen lernen, was ist, die inneren Antreiber frühzeitig erkennen, sie in ihre Schranken weisen, ihnen Grenzen setzen, ihnen zeigen, dass sie bei uns keine Chance haben: Vielleicht gelingt es uns dann, unser Leben auf eine neue Spur zu setzen.

Aufmerksam wahrnehmen,
wie ich mich fühle,
was mich umgibt,
was mich bewegt;

nicht zustimmen,
wenn es für mich nicht stimmt;

nicht teilnehmen,
wenn ich nicht mag;

nicht mehr tun
als mir entspricht;

Grenzen setzen,
bevor es zu viel wird;

verantwortungsvoll
meinen Weg gehen.

DAS HALBVOLLE GLAS

Oft erfahren wir, dass etwas nicht erfolgreich ist und unsere Bemühungen umsonst waren. Manchmal ist es zum Verzweifeln, wenn wir erleben, dass so vieles nicht wächst oder misslingt. Doch es gibt auch immer wieder Dinge, bei denen unsere Bemühungen erfolgreich sind. Unsere Saat fällt auf guten Boden; es keimt, wächst und bringt Frucht. Nehmen wir diesen Erfolg dann wahr? Oder sind wir so enttäuscht über alles, was nicht gelungen ist, dass wir das Positive gar nicht mehr erkennen? Viele Menschen müssen oft erleben, dass vor allem das gesehen wird, was ihnen nicht gelingt: Sie werden getadelt, weil sie einen Fehler begangen oder die Erwartungen nicht erfüllt haben. Nicht die Fortschritte werden wahrgenommen, sondern die Fehler gezählt. Dass dies die Motivation hemmt, ist klar. Wachstum, Entwicklung und Entfaltung werden behindert oder gar verhindert, wenn das Positive kaum erwähnt, weil es als selbstverständlich angesehen wird, das Negative aber hervorgehoben und einander dauernd vorgehalten wird.

Die Geschichte vom Sämann sagt uns: Rechnet damit, dass vieles nicht gelingt, dass es Fehler oder Mängel gibt. Erwartet von euch selbst und von anderen nicht, dass alles erfolgreich ist. Freut euch an dem, was gelingt. Das Zusammenleben wird so viel menschlicher.

Ich will

die Früchte ernten,
die langsam gewachsen,

mich freuen an allem,
was mir geschenkt,

annehmen,
dass nicht alles gelungen,

still werden und staunen,
wie vieles gereift,

dankbar sein
für diese Fülle.

ENTSCHLEUNIGUNG

Je schneller, je besser, sagen viele. Doch ist das wahr? Mir geht vieles zu schnell. Ich merke, dass ich nicht immer schneller, sondern eher immer langsamer werde. Wenn ich jemanden bitte, mir etwas zu zeigen, muss ich gleichzeitig bitten, es ganz langsam zu machen, weil ich sonst eben nicht mitkomme. Meist geht es mir noch immer zu schnell, und ich bin froh, wenn sie Geduld mit mir haben. Ich staune, wie schnell junge Leute mit technischen Geräten umgehen. Ich denke an die Geschichte vom Großvater, der von seinen Enkeln eingeladen wird, eine Fahrt über Land zu machen. Er, der nie ein Auto gelenkt hat, möchte nicht, lässt sich aber schließlich überreden. Die Jungen wollen zeigen, was das Auto hergibt, und sie fahren so schnell sie können. Auf einmal wird der Großvater ganz unruhig, verlangt, dass sie anhalten. Er steigt aus, legt sich auf den Boden, ist ganz still. Sie fragen, was er mache. Nach einer Weile antwortet er: Ich muss warten, bis meine Seele nachkommt.

Ich will nicht hetzen und Zeit gewinnen. Ich will ruhig arbeiten, mir Zeit lassen, Pausen gönnen und mich freuen an dem, was möglich ist. Oft erfahre ich, dass in Zeiten, da ich wenig mache, viel Neues entsteht. Ich will mich in all der Raserei nicht verlieren. Ich wehre mich gegen alle Hetze, will in Ruhe wachsen lassen, was angelegt ist; freue mich an allem, was gelingt – und staune, wie viel es ist.

Ich bin langsamer,
aber schnell genug;
weniger stark,
aber belastbarer;
eher müde,
aber geduldiger;
weniger fordernd,
aber großzügiger.

Ich habe weniger Verpflichtungen,
dafür mehr Freiheit;
weniger Pläne,
dafür mehr Erinnerungen;
weniger Kollegen,
dafür mehr Freunde.
weniger Erwartungen,
dafür mehr Zufriedenheit.

Ich bin weniger hektisch,
viel gelassener und dankbar
für alles, was gewachsen ist,
für alles, was wächst.

REICH BESCHENKT

Immer wieder können wir erleben, dass wir manches bekommen, ohne etwas dafür zu tun. Die Natur beschenkt uns jahrein, jahraus: Im Frühling fasziniert uns das Erwachen der Natur, die Blütenpracht der Bäume. Während des Sommers können wir sehen, wie die Früchte reifen. Viele genießen die Wärme der Sonne. Im Herbst können wir über die Farben der Blätter staunen. Und im Winter ist vielerorts die Landschaft durch eine Schneedecke verzaubert.

Aber auch der Gruß einer Nachbarin, der herzliche Dank eines Mitarbeiters, die spontane Hilfe eines Kollegen, die unerwartete Frage eines Kindes können uns erfreuen.

Gelassenheit

Ruhig werden,
offen sein,
wahrnehmen, was ist,
geschehen lassen,
annehmen, was wird,
auch wenn ich es nicht verstehe.
Meinen Teil beitragen,
darauf vertrauen,
dass wächst,
was wachsen muss.
Dankbar sein.

Es geht nicht darum,
alles richtig zu machen;
es geht erst recht nicht darum,
es allen recht zu machen.
Es geht darum,
zu leben;
das zu tun,
das uns entspricht;
das zu werden,
was wir sein können.

WACHSTUM ERMÖGLICHEN

In meinem Garten wächst vieles, wenn die Bedingungen stimmen. Im Zusammensein mit Mitmenschen ist es ähnlich. Es gibt manches, was Wachstum erschwert oder gar behindert: Ungeduld, Druck, Härte, Lieblosigkeit zum Beispiel. Wir alle können aber auch beitragen zu einer wohlwollenden Atmosphäre, in der Menschen etwas wagen, auch wenn sie nicht ganz sicher sind, ob es gelingt, ob die Bemühungen anerkannt und Fortschritte gesehen werden. Wir alle können mithelfen, dass unser Zusammensein förderlich ist. Voraussetzung ist, dass wir uns immer wieder Zeit nehmen, unsere Wurzeln spüren, unsere Werte sehen und darauf vertrauen, dass wir sein dürfen, wie wir sind.

Vieles wird wachsen,
wenn wir wohlwollend Anteil nehmen:
Positives sehen und anerkennen,
eigenartige Ideen aufnehmen und weiterdenken,
kindliche Fragen ernst nehmen und Antworten suchen,
hartnäckiges Schweigen geduldig annehmen,
abweisendes Verhalten verstehen und ertragen.

Wir brauchen Menschen,
die zu uns ja sagen,
uns annehmen, wie wir sind,
uns so begegnen,
dass wir wagen,
Gefangenes zu befreien,
Verschüttetes zu bergen,
Angst abzubauen
und Vertrauen wachsen zu lassen.
Wir brauchen Menschen,
die verstehen,
dass manches nicht gelingt,
die uns unterstützen und begleiten,
ermutigen und stärken.

Und wir können anderen
dieser Mensch sein.

MIT FEHLERN RECHNEN UND DAS GUTE SEHEN

Mir scheint, diese kleine Geschichte aus dem Neuen Testament sei sehr aktuell. Viele Kinder werden sehr früh gefordert und überfordert. Die Freude am Lernen, die gesunde Kleinkinder haben, wird ihnen geradezu ausgetrieben, weil sie mehr und schneller lernen müssen als es ihnen möglich ist. Fehler darf es nicht geben. Lernstörungen sind die Folge. Erziehende sind verzweifelt, fordern noch mehr. Viele Erwachsene sind dem Druck am Arbeitsplatz nicht gewachsen. Sie werden krank und als Kranke ersetzt. Eine Welt, in der es keine Fehler geben darf, ist unmenschlich.
Wie tröstlich ist diese kleine Geschichte, und wie schön sind Gemeinschaften, in denen man damit rechnet, dass vieles nicht gelingt, manches keinen Bestand hat und vieles nur verkrüppelt wächst; Gemeinschaften, in denen man mit Fehlern und Mängeln rechnet und sich am Gelungenen freut.
Aber es ist oft schwierig, zu sich und den eigenen Grenzen zu stehen, wenn dauernd und überall Höchstleistungen gefordert sind. Ich lerne es mühsam und freue mich an jedem kleinen Erfolg.

Ich bin glücklich, wenn ich
neben den Stimmen,
die mir immer wieder sagen:
Sei nicht so schnell zufrieden.
Das könntest du besser.
Gib nicht auf!
Engagiere dich mehr!,
auch die leise Stimme höre,
die mir sagt:
Es genügt,
du darfst zufrieden sein,
ausruhen,
dann und wann nichts tun,
den Moment genießen,
einfach sein.

Ich will

die Früchte ernten,
die langsam gewachsen,

mich freuen an allem,
was mir geschenkt,

annehmen,
dass nicht alles gelungen,

still werden und staunen,
wie vieles gereift,

dankbar sein
für diese Fülle.

Max Feigenwinter, geboren 1943, war Didaktiklehrer, Erwachsenenbildner und lange Zeit tätig als Leiter des Lehrerseminars Sargans (Schweiz). Er ist Autor mehrerer Nachdenk-Bücher sowie pädagogischer und unterrichtspraktischer Fachbücher. Weitere Informationen zum Autor finden Sie unter www.maxfeigenwinter.com

Lieferbare Titel von Max Feigenwinter im Verlag am Eschbach:
Nimm jeden Tag als Geschenk (70147)
Lass dir Zeit. Eine Einladung zum Verweilen (70116)
Aufstehen und Leben. Biblische Inspirationen (763)
Bunte Herbstfarben wünsch ich dir (875)
Einander Engel sein. Gedanken zur Weihnachtszeit (70246)
Wag deinen Weg (946)
Einfach gelassen bleiben (70335)
Weihnachtlich werden (70431)

Textnachweis:
2/3 Bibeltext entnommen aus: Markus 4, 3-9, aus: BasisBibel, Deutsche Bibelgesellschaft 2012

Bildnachweis:
Digital Storm/shutterstock

ISBN 978-3-86917-404-4

Im Alten Rathaus/Hauptstraße 37
D-79427 Eschbach/Markgräflerland

www.verlag-am-eschbach.de

Gestaltung, Satz und Repro: Angelika Kraut, Verlag am Eschbach
Herstellung: Süddeutsche Verlagsgesellschaft, Ulm

Manufakt

Dieser Baum steht für klimaneutrale Produktion,
umweltschonende Ressourcenverwendung,
individuelle Handarbeit und sorgfältige Herstellung.